남자의 폐경기

박근수 시집

계간문예

남자의 폐경기

| 시인의 말 |

    시인은 죽을 때까지 말공부를 하는 사람이다. 여태껏 배웠어도 자꾸 배우지 않으면 안 되는 우리말. 시대에 따라 늘어나는 신조어까지 따라잡으려면 부단한 노력이 필요하다. 연필심에 침 발라 빈칸을 채워가던 초등학교 시절처럼 고개를 끄덕이며 우리말을 배우고 그 느낌들을 시로 옮기지만 나는 여전히 얼치기 시인이다.
    등단 14년 만에 첫 시집을 낸다. 늦은 만큼 설렘은 더 크다. 문예지 〈문학의뜰〉 창간호부터 19호를 준비 중인 현재까지 편집장으로 일하고 있다. 원고 청탁에서 교정, 출판, 배송까지 도맡아 일을 하면서도 정작 내 자신의 글을 쓰는 데에는 여유가 없었다. 큰맘 먹고 시집을 내야겠다는 마음으로 십여 년 넘게 끄적인 글들을 퇴고하면서 절반은 휴지통에 버리고 나머지 절반 정도 겨우 건졌다.
    몇 번을 읽어도 이해하기 어려운 시보다 한 번 읽고도 뭉클하게 다가오는 시를 쓰고 싶다. 얼치기 시인의 어깨에 날개를 달아주신 오봉옥 선생님께 진심으로 감사드리며, 나의 작은 마음이 독자의 가슴에 잔잔한 울림으로 다가가기를 바란다.

2020년 5월

박근수

■ 차례

시인의 말 · 5

제1부 까치와 어머니

까치와 어머니 · 15
무명 천사 · 16
가을 이기기 · 17
세 번째 스무 살 · 18
병실에서 · 20
억지 투정 · 21
어머니의 노여움 · 22
어머니와 홍시 · 23
아직은 푸른 가을 · 24
아버지의 손목시계 · 25
손님 · 26
삼천 배 · 27
움딸을 기다리는 아버지 · 28

서글픈 고향 • 30
뽑기 • 32
멋쟁이 우리 아버지 • 33
긴 한숨 • 34
그대는 누구 • 35
그놈이 글쎄 • 36
너를 지우며 • 37

제2부 친구

장날 · 41
친구 · 42
실버 카 · 44
손녀에게 말 배우기 · 45
검정 드라마 · 46
미투(me too) · 47
동창회 · 48
나무관세음보살 · 49
꽈배기 골목 · 50
화장장에서 · 51
그 여자1 · 52
그 여자2 · 53
그 여자3 · 54

그 여자4 · 55
건생약국 · 56
개복숭아의 죽음 · 57
그 버스 정류장 · 58
순두부 데이트 · 59
아무도 없네 · 60
연변에서 온 친구들 · 61
어색한 슬픔 · 62
잘 먹고 잘 산다는 것 · 64
편지 · 65
공사판 회식 · 66
무식과 유식의 차이 · 67

제3부 버팀목

버팀목 • 71
파도 • 72
남자의 폐경기 • 73
귀향 • 74
보름달 그녀 • 75
도망간 '요' • 76
낚시터 • 77
여차저차해서 • 78
비 오는 날 • 79
비밀번호 찾기 • 80
노숙은 아무나 하나 • 81
동조同調 • 82
브레이크타임 • 83

밥 잘 하는 식모 · 84
반짝 세일 · 85
왕십리 연가 · 86
영혼을 위한 축배 · 87
연륜 · 88
불황의 늪 · 90
닮은꼴 형제 · 91
뭇종 · 92
무허가 · 93
먹고 산다는 게 · 94
감꽃이 떨어지면 · 95
가을 · 96

작품해설 늦깎이 시인이 일군 눈물의 마음밭 _ 오봉옥 · 98

제1부
까치와 어머니

까치와 어머니

창밖 까치가
반가운 손님이 오신다고
한참을 까불다 날아간 아침

괜히 설레어
로션 찍어 바르고 향수 뿌리고

손님은커녕
어머니 병상에 드셨다는 소식만 들었다

감나무 꼭대기 까치밥만큼이나
한쪽 가슴이 붉게 패인 하루

무명 천사

행려자와 봉사자들이 부딪히고 만나는
영등포 토마스의 집 사랑의 무료급식소에서
오늘도 난 배웁니다

지나가던 택시 기사가 내민 만 원짜리 한 장
400인 분의 떡을 직접 실어다 주는
부천 소사의 어느 스님들

택시 기사의 이름을 물어도
절 이름을 물어도
환한 미소로 대신하는
가슴 따뜻한 사람들

주는 마음 작을지라도
받는 마음 몇 배가 된다는 걸
배우고 또 배웁니다

가을 이기기

낙엽이 흩날려도
흔들리지 말아야지

혼자라는 감옥에 가두어놓고
어둠 속에 파고들지 말아야지

외로움도 가끔은 친구가 된다는데
쓸쓸할 땐 고독을 불러 함께해야지

거울이라도 보고 씨익 웃어야지
괜찮냐, 물어봐야지

별들도 저만큼 오붓한데

세 번째 스무 살

거꾸로 매달아도 국방부 시계는 돌아간다며
세월을 채찍질하던 때가 엊그제 같은데
하마하마 육십이라니요

얼른 어른이 되고 싶다고 했다가 그만
스무 살이 되고
까불까불 하다가 그만 서른이 되었습니다

혼자가 둘 되고
둘이 넷으로 되었을 때
정신이 번쩍 들었지만, 그땐 이미
두 번째 스무 살이었습니다

세 번째 스무 살을 맞고 보니
어느 것 하나 소중하지 않은 것 없고
옛 친구, 옛 추억 그리움으로 가득합니다

오늘따라 어머님이 몹시 그립습니다
꿈속에서나마 종종 보이시더니
요즘은 통 안 보이시고
가을 되니 그곳에서도 바쁘신가요?

아버님 환갑을 앞두고
손주는 언제 안겨줄 거냐 그러셨잖아요
지금 제가 그 짝입니다
큰놈 작은놈도 입을 꾹 다물고만 있네요

이번 추석엔 아무리 복잡해도
아이들 데리고 가 술 한 잔 올리겠습니다

그때, 어머님이 한 번 물어봐 주실래요?

병실에서

두릅 따러 산에 갔다가
한 뼘 남짓한 엄나무, 참옻나무
몇 그루 캐다가 울타리에 심었다

그 울타리 고목이 되고
그것들 따라 꼬부랑 고목이 되어
사다리도 못 오르시는 어머니
이제는 갱돈* 세는 재미마저 잃었다

씁쌀한 엄나무 순 옻 순
봄마다 어머니 갱돈 쏠쏠히 챙겨주던
그것들 이젠 누가 있어 손볼거나

*갱돈 : 용돈, 여윳돈, 따위를 가리키는 충청도 방언

억지 투정

공사장 앞을 지나며
'천천히' 라는 글자에
괜스레 투정을 부려본다

'공사 중 천천히' 를 일부러
'천천히 공사 중' 으로 읽는다

나 오늘도
포크레인 몰고
밤샘하러 간다

어머니의 노여움

심한 고뿔에도
고춧가루 듬뿍 탄
뜨건 감주 한 사발이면
거뜬하시던 어머니가

구순을 앞에 두고
거동이 불편하여 나 죽네 하시면서도
끝내 도우미를 사양하시네

사춘기 반항도
곱게 받아주시던 어머니가
자식들의 말은 귀를 막고
쓴소리만 고까워하시네

힘든 하루하루를
혼자서 어찌 버티시려고
도우미 소리에 화만 내시는 걸까

어머니와 홍시

요맘때면 어머니는
나를 감나무 밑으로 내쫓는다

뿌연 돋보기 너머로
짜가리 콩 고르다 말고
내가 주워온 홍시를
아기 다루듯 쓰다듬어
가지런히 광주리에 담는다

한두 개로도 요기가 되는 홍시는
가을 주전부리로도 그만인데
무싯날도 어머니는 감을 이고 장에 가신다

아직은 푸른 가을

아무도 기다려주는 이 없는
모텔 방 싸늘한 침대
작업복 그대로 이불 속에 들었다가
꼬질꼬질 눈곱 털며 어둑새벽을 달렸다
고독이 밀려드는 밤에도
옆방에서 벽을 타고 넘어오는
침대 삐걱거리는 소리에 장단 맞춰
돈 세는 재미로 살았다
어쩌다 쉬는 날은
팔 괴고 누워 그리움의 시도 써보고
화투장 늘어놓고 패도 떼다가
말 상대가 그리우면
티켓다방에 다리 꼬고 앉아
가출 소녀의 비린 커피를 마셨다
외로움은 늘 술잔 속으로 달려가지만
갈수록 커지는 금의환향의 꿈

아버지의 손목시계

곡기를 내려놓고
아들 오면 주라고
머리맡에 풀어놓은 손목시계
가느다란 의식으로
아들 손에 건너간 것을 지켜보며
짧은 유언이라도 하고 싶건만
굳어가는 혀가 말문마저 닫아
눈빛으로 몇 마디 주고받다가
이승의 문턱을 넘어선 아버지
삼우제가 끝나도
취기는 사라지지 않는데
아버지의 시계는 여전히
내 손목에서 잘도 돌아간다

손님

이 세상에 태어나
많은 사람과 인연을 쌓았으나

세상 끝까지
함께 갈 사람 아무도 없네

눈에 넣어도 아프지 않다시던
아버지 어머니도 기다리지 않으시고

언제나 함께 하자던 친구도
서둘러 떠났는가 하면

백년가약을 맺은 사람도
내 곁을 떠났네

서로가 서로에게
잠시 머물다 떠나는
우리는 손님

삼천 배

나를 본 고사리가
반갑다고
고개 숙여 인사하네

나도
고맙다고
큰절로 답례했네

고사리 하나 꺾으며
절 한 번 하고

취나물 하나 뜯으며
절 한 번 하고

삼천 배 올려 얻은 산나물
어머니 제사상에 올리네

움딸을 기다리는 아버지

코 베어 가는 서울이 뭐가 좋다고
친구 따라 올라갔다가
아리랑치기에 깡통 차고 내려와
무던히 땅만 파던 사내의
골진 이마 위에 서리가 내리고
메마른 땅에 일군 조약돌만 한 감자를
머리에 이고 장바닥을 한나절 휩쓸고도
마수걸이를 못 한 아낙이 저물녘에서야
광주리를 비워 돌아오던 둥지는
굳이 속내를 털어놓지 않고도 서로의
눈빛을 읽으며 꿈을 키워가던 보금자리였다
그 둘은 오래전 한 몸이 되었지만
남다른 사이여서 더욱 애틋하였기에
죽은 아내와 살 때보다 가시버시를 더 섬기고
견디기 힘든 손가락질에도 내 아버지로 섬기며
고명딸 못지않은 사랑을 듬뿍 받고 살았다
허덕이며 아등바등하던 일도
아이들 키우며 너털웃음 끊이지 않았던 날도
희미한 옛이야기가 되어가지만 지나온 날보다
남은 날을 더 값지게 살아야 하기에

갈수록 더 뜨거운 사랑을 불태울 수밖에 없었다
한가윗날 사뭇 들뜬 걸음으로
봄나들이 가듯 뫼에 오르던 두 사람
벼랑에 간신히 버티고 선 밤나무가
수북이 쏟아놓은 탱글탱글한 알밤을
손에 가시가 박히는 것도 잊은 채
넋이 나가도록 줍고 있는데
저만치 무덤 밖에 마중 나와 함박웃음 지으며
어서 오라 손짓하는 아버지

서글픈 고향

빗물 고인 마당을 찰방찰방 걸으며
고추잠자리 노을처럼 수놓는 하늘에
빨래 널던 누이는 아주 먼 나라로 여행을 가고
황소눈깔이라고 놀림 받던 누이의 혼인 듯
바지랑대 끝에 앉은 잠자리
황소 눈을 하고 숨죽여 흐느낀다

햇살 따가운 양철지붕에
고추 애호박 말리시던 어머니
병원과 집을 시렁시렁 오가다
요양병원 침대 하나 얻어 누우시고
가을마다 어머니가 오르내리던 임자 잃은 사다리
지붕에 힘없이 기대어 앙상하게 서 있다

父子 겸상 차려놓고 죄인처럼
당신 밥그릇은 바닥에 내려놓고
살코기 발라 밥상에 올려주며
생선 가시만 빠시던 어머니가
자식이 찾아와도 눈물만 글썽일 뿐
하고픈 말도 입안에서만 뱅글뱅글

천장만 바라보고 가시처럼 누워 계신다

일찌감치 달팽이관을 팔아버린 아버지
덜커덩!
대문 열고 들어서도
아들이 왔는지 도둑이 들었는지
TV만 혼자 마당까지 왕왕거리고

어미는 병원에서 말라가고
아비는 철벽인 채 고향집을 지키고
가뭄에 콩 나듯 손님처럼 찾아가는 난
어머니가 짚고 다니던 지팡이가
너도 자식이냐 이놈아 하고
냅다 후려칠 것만 같아서

뽑기

호미 들고
텃밭에 앉아 잡초를 뽑는다

도마뱀이 제 꼬리 끊고 도망가듯
뿌리 반쪽만 내어주고
땅속 깊이 숨어버리는 쇠뜨기

핀셋을 들고
거울 앞에 앉아 새치를 뽑는다

두더지 게임하듯
요리조리 피하는 새치
검은 머리칼만 뽑아대는 핀셋

기계 앞에 서서 인형을 뽑는다
집었다가 놓치고
들고 나오다가 또 떨어뜨리며

그것이 인생

멋쟁이 우리 아버지

올망졸망 들고 이고
걸어오는 장꾼들 사이
멋쟁이 우리 아버지
팔도강산 주연 배우도
중절모가 잘 어울리는
우리 아버지에 비하면 어림없지

들마루에 겸상하여 오순도순
식사하던 모습은 이웃집 본보기로
부러움의 대상이었지

한때 투전판에 끼어들어
어머니 속도 태우셨지만
사위가 만들어드려야 오래 사신다며
다래나무 불에 구워
외할머니 지팡이 만들어드리고
찢어진 고무신과 깨진 바가지 꿰매시던
알뜰하고 자상하신 아버지
쟁기질하며 부르시던 콧노래가 듣고 싶다
땀 냄새 밴 모시 잠방이가 그립다

긴 한숨

중환자실을 지킨 지 일주일
야속한 하루해가 또 저문다
보호자 식사라고 나온 밥이
목구멍에 걸려 눈물 밥이 되었다

이승 탈피를 위한 영혼의 통로처럼
옥상으로 통하는 계단은 조용하고 엄숙하다
옥상에서 내려다보이는 장례식장 입구
문상객들 사이로 어둠이 섞이고
근처 논 개구리들의 통곡이
중환자실로 서러움을 끌어 올린다

머리맡에 놓인 이승의 그래프
똑딱똑딱 좁혀지는 생의 촌각을 붙들고
아들 딸 손자 둘러앉아
마지막 얼굴 새기며 올리는 기도
아흔 한 해째 맞이하는 봄
쉬이 놓지 못하는 이승의 끈
어서어서 아버지의 영혼이
구름처럼 두둥실 가벼워졌으면

그대는 누구

지금
그대는
누구인지
화가 나면 야
짜증 날 땐 어이
사랑할 때에는 자기
편한 자리에서는 당신
부부동반 모임엔 집사람
지인들께 인사시킬 땐 아내
아이들이 보는 앞에서는 여보
술 마시고 들어오는 날에는 부인
친구들과 함께한 자리에서는 마누라
직장동료 앞에서 소개할 때에는 와이프
부모님 앞에서 불러야 할 땐 아무개 엄마

그놈이 글쎄

어미가 아무리 어르고 달래도
막무가내 아비만 찾는 조카 녀석
홍은동 아파트에서 자다 말고
기함하는 녀석을 들쳐 안고
아이 아빠가 있는 공주를 향해
꼭두새벽을 내달렸다

뒷좌석엔 금방이라도 숨넘어갈
아이를 끌어 앉고
빨간불 들어온 연료 게이지에
신경이 날카로운 나를 의식하며
동생이 발을 구르고 있다

고속도로를 벗어나 달리는
시골길 새벽 주유소들은 굳게 닫히고
가슴은 조마조마한데
악을 쓰던 조카 놈은 그사이 잠들었다
그 난리 치던 그놈이 글쎄 어느새 커서
대학을 나오고 취업했다고 껍쩍댄다
돌아보니 이십 년이 후딱,

너를 지우며

휴대전화 작은 화면에
말로 하지 못한 마음 적어
너에게 띄워 보내놓고

답장을 기다리던 첫날은
창호지 구멍으로 신방 훔쳐보듯
두근두근 설레는 하루였고

둘째 날은
보고 싶다고 적었다가
좋아한다고 적었다가 끝내
전송 버튼을 누르지 못하고

사흘이 지난 지금
너의 이름을
스팸번호로 차단하고

제2부
친구

장날

아이구메나 오칙핸댜
천숙이네 송아지 뛰어났다는디
들밭에 옥식기, 콩 다 뜯어먹구
엥간히 날뛰구 지랄났네

장에 덜 가구 아무두 읎내빈디
갱변짝 에미 옆댕이다 내다 매던지
목사리 점 잘 붙들어 매놓구 나가지
장정이나 있어야 헐 텐디 큰났네

창깨두 으직잖게 나서
여적지 외다 말구 들왔넌디 내가 못살어
비두 안 오구 인전 늦어서 다 틀렸지 뭐
올해 챙지름은 다 먹은겨

이봐유! 누구 점 나와 봐유~

친구

여보게, 친구
자넨 그걸 아는가
품 안에 자식이란 말

마누라도
한 이불 속에 있을 때 마누라지
각방 쓰니 남이데 그려

뾰족하게 살 필요 없고
바둥댈 일도 없데 그려

져주고 속아주며
오늘 즐거우면
그게 행복인 줄 알고 산다네

야물게 번 들 소용 있나
서산에 해 기울면
다 버리고 갈 것을

네 주머니 넉넉하면
나 술 한 잔 받아주고
너 생각나면
내가 한 잔 사면되지

친구여
오늘 술이나 한 잔함세

실버 카

꼬부랑꼬부랑 골목길
할머니를 끌고 가는 유모차가
네 바퀴 번갈아 들썩이며 신났습니다

차 한 대가 바짝 붙어 뽁뽁대지만
못들은 척 앞만 보고 굴러갑니다
급할 것 하나 없습니다

할머니의 수수깡 같은 종아리도
꼬장꼬장 비켜줄 생각 없습니다

유모차 안에서는 강아지 운전사가
급하면 돌아서 가라고
멍멍! 경적을 울립니다

손녀에게 말 배우기

함미 함미!
칭구양 재미께 노야떠

오구오구 우리 강아지
칭구양 노야떠?

아니,
칭구양 노야따구

아,
칭구양 노야따구?

아니 아니, 그거 마이구
칭구양 노야따니깐
흐엉~

아하,
친구랑 놀았다고?
어!

검정 드라마

산은 온통 석탄 먼지로 그을려
계곡물 검게 흐르고
19공탄, 32공탄
서민들의 등 데워주던 연탄구멍처럼
숭숭 뚫린 갱도를 들락거리며
탄가루 켜켜이 쌓인 허파를
돼지비계로 지지고 들어오는 날
아빠를 기다리다 고이 잠든
아이의 머리맡엔
그리다 만 흑백 풍경화
아빠 손 꼭 잡고
신나게 놀이동산 가는 중

미투(me too)

올라갈 때 보지 못한 그 꽃
내려올 때도 못 보았더라면
차라리 더 좋았을 것을

동창회

하얀 쌀밥 위에 노란 계란지단
읍내에서 내로라하던 부잣집 친구

보리밥 위에 쌀밥 소르르 얹어
볶은 소금이 반찬인 시골 친구

학창 시절 떠올리며
수다로 채워가는 시간
반백이 된 개구쟁이들
순둥이 모습은 온데간데없다

짝꿍 답안지 훔쳐보고 적은
커닝한 문제 모두 틀렸다더니
슬그머니 휴대전화 꺼내 들고
마누라한테 보고하는 공처가 녀석

음악 시간이 가장 싫다던 놈이
노래방 가니 가수 뺨치고
2차 3차 마시고도 일어서잔 놈 하나 없지만
헤어지면 다시 보고 싶은 얼굴들

나무관세음보살

염주를 들고 나타난
그 녀석 이마도
세월 앞엔 별수없던가 보다
세상 많이 변했구나
아예 머리도 깎지 그랬어?

아무개 머리 깎고
해탈하러 갔다는 소문도 싫었지만
술도 그립고
자네도 그립고 해서 못 깎았지

음식을 땅에 버리면 못 쓴다고
된장 발라먹어야 한다며
동네 강아지 짓궂게 쫓아다니더니
야! 이놈아
지금도 강아지 쫓아다니냐?

허허! 이 사람 큰일 날 소리
세상 만물이 다 소중한 생명인데
나무관세음보살…

꽈배기 골목

독립문사거리를 막 지나며
옛 생각을 그려본다
그때가 언제였던가 영천시장
꽈배기 골목을 들락거릴 때가
튀김집 떡집 다닥다닥 붙어서
시루떡 냄새 튀김 냄새로 가득하던 골목
아버지와 함께 꽈배기를 튀기던 총각 지금쯤
장가들어 아이도 낳고 가업 물려받아
색시랑 둘이서 고소한 꽈배기 만들고 있겠지
언제부터인가 길 건너 교남동 상가와 연립은
모두 헐리고 거대한 타워크레인들이 점령하여
대단위 경희궁아파트 건립이 한창인데
재개발 바람 불어 영천 재래시장도
아파트단지로 바뀌진 않을는지
그때 그 총각 꽈배기 트는 손놀림 그 맛
잊을 수가 없어 어쩌나

화장장에서

배냇저고리에서부터
온갖 화려한 것들로
육신을 가리고 살다가
처음으로 입어보는 베옷

모진 풍파에 일그러진 삶과
기왓장 같은 손발은
생전에 채우지 못한
그리움과 함께 베옷 속에 묻고
마지막 화장 곱게 하고 나서야 비로소
불 속으로 뛰어들 수 있는
이 순간

영면한 그림자들이 흐느끼는 향불 주변에
정신없이 향을 즐기는 나방 한 마리
누구의 영혼인가

그 여자 1

허리를 늘리려고 찾아간 세탁소
줄자를 든 그녀의 손가락이
덥석 허리춤으로 들어왔을 때
종아리를 타고 올라오는 아리송한 희열

바지를 찾으러 간 날
"사모님은 어디 가셨나요?"
무심코 튀어나온 말에
그녀의 남편과 마주친 야릇한 시선

세탁소 앞을 지날 때
창밖으로 가끔 던져주던 그 미소가
안 보이는 날엔
심하게 요동치던 가슴

그 여자 2

화단 밑 옹색한 자리에
두부 상자 깔고 앉아
그녀는 늘 흥얼거렸다
까맣게 때 낀 손톱으로
도라지를 까는 그녀 옆에는
고사리, 검정 쌀, 참기름
계절 따라 쑥과 냉이, 마늘도
올망졸망 한식구로 자리 잡았다
희끗희끗한 머리와 골진 이마, 여윈 볼이
평탄한 세월은 아닌 듯한데
입가에 노래가 그치지 않는 그녀
정든 영감 일찍 사별하고 홀로 자식 키우다가
아들딸 모두 출가시키고 적적해서
소일삼아 거기 앉아 흥얼흥얼 도라지 칼날에
남은 세월 벗기고 있는지도 모른다
돌아가신 어머니가 생각나
그녀가 직접 띄웠다는 청국장
몇 개 사다 냉동실에 넣어두고
어머니 생각날 때마다 하나씩
보글보글 끓여먹는다

그 여자 3
– 박경옥 님을 생각하며

급식이 시작된 지 한 시간 반이 지나도록
행려자의 줄은 여전히
요셉의원 골목을 따라 철길 벽에 닿아있다

내 가족에게 음식을 만들어 대접하는 것과
다르면 안 된다는 철칙이 있기에
그녀는 정성을 다해 음식을 만들었다

긴 기다림 속에 혹시
불편한 사람은 없는지
안 보이는 사람은 없는지
쪽방촌에 몸져누운 사람은 없는지
조리하다가 혹시 다치지는 않는지
취객과의 입씨름에 마음 상하지는 않았는지
혼자 산다고 집에 가서 끼니나 거르진 않는지

행려자와 봉사자를 일일이 걱정하고 챙겨주는
영등포 토마스의 집 천사 박경옥
그녀의 가슴은 과연 몇 평이나 될까?

그 여자 4
– 고광자 시인

협재에서 배를 타고
깜빡 졸다 도착한 비양도
떼로 몰려든 글쟁이들
친정식구 맞이하듯
포구까지 달려 나와 반기던 그녀

팔각정에서 빤히 바라다 보이는
사립문도 없는 집
나지막한 현무암 담장 따라
올망졸망 서있는 시화들
찻잔을 붙들고 앉아
손님을 기다리던 앉은뱅이 교자상

창가에 옹기종기
그녀의 생각들이 그려진 조가비들
반나절이면 한 바퀴 휙 돌고도 남는
코딱지만한 섬에
함초 같은 여류시인 고광자가 산다

건생약국

어둑새벽 좁다란 산길
선배들 걸음 따라 삼 년을 넘다 보면
뱁새 다리도 황새 다리가 되고
돌부리도 알아서 비켜갔네
건너말 아주머니들 부탁에
하곳길 읍내 종종 들르는 건생약국
조제실 유리창 너머로 보이는
넓은 이마, 성근 머리숱의 약사가
사기 절구에 약을 갈아
식후 삼십 분을 강조하며 건네주던 약봉지
너덧 군데 약국이 있는데도
꼭, 건생약국에서 지어 와야 한다고
다른 약은 듣질 않는다고 신신당부하던
그 어르신들 모두 떠나고 이십 리 등하곳길
동네 심부름 도맡았던 소년이 오십 고개를 넘어
가끔 내려가는 고향 읍내엔 지금도
흰 가운을 걸친 대머리 약사가 안경 너머로
주름진 세월 곱씹으며 건생약국을 지키고 있다

개복숭아*의 죽음

걸핏하면 남의 외모 들먹이며
신경을 곤두세우게 하는 친구가 있었지

천지창조만 강조하는 기독교인이어서
항상 반듯한 줄 알았지

예수가 외모 보고
사람 만나라고 하더냐고 묻자
인간이기 때문에 어쩔 수 없고
믿음과는 상관없다던 친구

교회 다니지 않는 사람과는
만나지도 말랬다는
그의 이모는 더 가관이었지

예수의 외모를 보고 믿음을 택했는지
성서의 가르침은 어디로 빼돌렸는지
천국 가는 길엔 왜 앞장섰는지

*개복숭아 : 개신교에 빠져 살다 일찍 떠난 친구를 안타까워 비유
한 말

그 버스 정류장

할아버지 한 분이 고개를 숙인 채 말없이 앉아 있었다. 몇 번을 불러도 아무 대답이 없던 그 사람, 손이 꽁꽁 얼어 있었다. 한 사람이 다가와 그의 주머니를 뒤져 뭔가를 꺼냈다. 꼬깃꼬깃 누런 마분지에 적힌 짧은 유서였다.

"죽어서도 자식들 곁에 가고 싶지 않다. 저승 갈 노잣돈은 안주머니에 있다. 누구든 나를 거두어 주시오."

자식들 눈치 보며 살다가 집을 나와 객사客死를 택한 할아버지, 고향 길 어귀 그 버스정류장을 지나칠 때면 가슴이 사뭇 아려온다

순두부 데이트

오랜만의 외출에 중년의 소녀는
입고 갈 옷이 없다고
신을만한 신발이 없다고

세면대 앞에서 한 시간
화장대 앞에서 한 시간
미용실 가서 한 시간

허겁지겁 택시에서 내렸지만
유통기한이 삼십 분이나 지나버린 관람권

무던한 사내는
꽃 같은 아내의 어깨를 토닥이며
극장 앞 순두부집으로 갔다네

아무도 없네

전철에 앉자마자 졸거나
휴대전화에 매달릴 뿐
책 읽는 사람 아무도 없네

폐지 실은 손수레
힘겹게 언덕 오르는데
바쁜 걸음들만 서둘러 비켜 가고
밀어주는 이 아무도 없네

골목길 모퉁이 노란 민들레꽃
피고 지고 홀씨 날리도록
눈길 주는 이 아무도 없네

달무리 진 가을밤
기러기 떼 지나는 밤하늘
올려다보는 이 아무도 없네

연변에서 온 친구들

연변에서 건너온 친구들
예전 같으면
간첩으로 오인할 말투로
어디서 왔느냐는 말에
"탈북자입네다" 하고
농도 섞을 줄 알고
양평역에서 건너다보이는
목동 주상복합 건물을 바라보며
한 층, 두 층, 헤아리더니
사십삼 층을 마흔세 층이라고 말하는
조선족 친구들
갑자기 쏼라쏼라 시끄럽게 떠들 땐
영락없는 중국사람

어색한 슬픔

동창회 총무에게서 날아든
문자 한 통에 고민하다가
외곽순환도로로 차를 몰았다

학창 시절 이후 연락 한번 없고
동창 모임에도 얼굴 내민 적 없는
모름지기, 친구도 아닌
친구의 어머니 문상을 하러 간다

썰렁한 접견실이
상주의 명분을 대변하듯
내 이름도 기억 못 하는 친구

함께 간 친구의 설명에
어렴풋이 추억을 떠올리며
고맙다는 말만 연신 해대는 친구와
영정 속 생소한 고인의 환한 미소

우리 부모님 여읠 때
코빼기도 안 비치던 친구여서
원망스러움이 잠시 일기도 했으나

삼 년 전
심한 당뇨로 두 눈을 잃었다는
아들의 얘길 들으니
잘 왔구나
그래, 오길 정말 잘했구나!

잘 먹고 잘 산다는 것

보릿고개 넘을 때
허리띠를 졸라매던 습관으로
개숫물에 씻겨나가는 밥풀 하나에도
벌벌 떠는 게 우리네 부모님이다

사는 게 힘들다는 말
배불러서 하는 소리일 수도 있지만
오늘도 여전히
배곯는 사람 있다는 거 잊지 마라

잘 먹고 잘 산다는 건
그만큼 건강하다는 말이니
욕이라 생각지 말고
무조건 잘 먹고 잘 살아라
아무렴!

편지

애야! 오빠한테 온 편지 좀 읽어보렴

호롱불 곁에 바싹 다가가 해진 양말 꿰매시다
막내딸이 읽어 내리는 목소리에 목이 멘 어머니

사무치는 그리움에 꿰매던 양말짝도 밀어두고
답장을 쓰라며 몇 자 불러준다

엄동설한에 을매나 고상이 많으냐!
벳니삭 팰 때 군대 가서
햅쌀밥 못 해 메겨 보낸 것이 젤루 맴이 아프구나
휴가는 은제 나오느냐?

막내 딸 손 빌려 쓴 답장 두 번, 세 번 읽게 하곤
한참동안 천장만 바라보시던 어머니

공사판 회식

나고 자란 곳이 서로 다른
잡목들이 한곳에 모였다

나고 자란 곳이 서로 다른
인부들이 잡목에 불을 지핀다

먼저 불붙은 합판이
툭! 툭! 타닥 탁! 시동을 걸면
물먹은 토류판*이 힘껏 연기 뿜으며
푸아! 푸아! 가속페달을 밟는다

잘 익은 불덩이 위 잘 익은 삼겹살
삼겹살 위로 부딪치는 술잔

나고 자란 곳이 서로 다른
나무와 인부들이 하나가 될 때까지
위하여! 위하여!

토류판 : 토목공사에서 토사 붕괴를 막기 위하여 빔과 빔 사이에 끼우는
　　　　두꺼운 나무

유식과 무식의 차이

고학력자가 저학력자를 무시할 때
무식한 나도 가끔은
고약한 생각을 한다

이 세상 무식하지 않은 사람 있던가
모르니까 아이는 젖 무는 법을 배우고
늙어서는 죽음 앞에 다가서는 법을 배운다

도인이 산을 내려오는 것은
배움이 끝나서가 아니라
사부의 가르침이 한계에 이르렀기 때문이다

배웠다고 다 유식한 건 아니다
막말 일삼고
주먹질 난무하는 정치판을 보라

그런 면에서 무식과 유식은 =다

제3부
버팀목

버팀목

시골길 고추밭 말뚝 하나

사연은 알 수 없지만
누군가의 다리를 지탱해주던 목발이
군데군데 탄저병에 말라가는
고춧대를 부축하고 서 있는 모습에
코끝이 찡해온다

그동안 나는
얼마나 든든한 기둥이었나

서러운 이의 눈물 한번 닦아주고
차가운 손 제대로 잡아준 적 있었나

한생을 바치고도
또 한생으로 우뚝 선 목발 앞에
고개가 절로 땅으로 떨어진다

파도

쫓기듯

바위 틈새로 파고든 파도가

썰물이 와도 선뜻

따라나서질 못하고 그렁댄다

저도 목 놓아 울고 싶은지

어쩐지

남자의 폐경기

병역필兵役畢이
학력보다 우선이던 시절이 있었다
군필자 우대
동원훈련 끝나고
예비군도 끝나고
민방위도 끝나고
폐경기가 되도록 충성!

귀향

낫 하나만 들고 산에 올라도
흔하디흔한 게 땔감이었는데
밤하늘의 별과 새소리 시냇물소리
너른 땅과 숲 마다하고 도망치듯
빠져나와 얻은 가난
연탄 한 장에 등을 데우며
도시의 꿈 버리지 못하고
아등바등 기며 떨며 살았다

매연과 썩은 강물 들이키며
몇 평 남짓한 집 한 채 마련하느라
살을 에고 뼈를 녹이며
청춘에 골병만 가득 채운 시절

떠날 때 그랬듯이
돌아오는 발길 말없이 받아주는
아늑한 고향의 품으로 돌아가련다

보름달 그녀

어릴 적
대야에 비친 네가 일그러질까 봐
손을 담그기 싫었었는데

오늘
냉수 한 대접을 들고 마시려 하니
물속에 아른거리는 너를
차마 삼킬 수가 없구나

도망간 '요'

전화 주셨어?
아침은 드셨어?
한번 놀러 오셔!

아니,
시방
누구랑 통화했나
.
.
.
요?

낚시터

산그늘 반쯤 내려앉아
지친 쓰르라미 목청 가다듬는 시간
뽀얀 물안개 사이로
이무기가 승천昇天한다

닳고 닳은 명당에
강태공이 자리 잡을 무렵
애타게 기다리던 처녀 모기들
연애하자고 덤벼들고
물에 뜬 달이 찌를 따라 끌려온다

밤새 월척의 꿈 당기다
이슬 젖은 봇짐 챙길 때
널브러진 술병에 취한 개구리
버들가지도 따라 흐느적흐느적
갈지之자 걸음으로
쓸쓸히 사라지는 도시 사람들

여차저차해서

깊어가는 가을
붉은 산이 함께 타자는데

구름이 걸터앉은 늙은 장송
그 아래 무언가 보였다가 사라지는
심마니 눈에도 잘 안 띈다는 저것

저것은 분명
눈을 씻고 다시 봐도 산삼 같은데
산삼을 보고도 못 캐는 숙맥 마니

어른 삼은 어느 누가 모셔가고
단풍 들어 고개 숙인 아기 삼만
애처로이 바라보다 돌아서네

기죽지 말고 쑥쑥 자라거라

비 오는 날

비 오는 날 주막집
철질 소리에 동네 술꾼 죄다 꾀어
막걸리 매상 올라가니
풍년슈퍼 전화통 덩달아 불나지요

물꼬 보러 나갔던
아버지의 젖은 잠방이는
빨랫줄에 늘어져 자동세탁 중이고요
석 달 열흘 굶은 하수구는
목구멍 미어지도록 컥컥 들이키지요

사랑방 마실꾼들
거나한 콧노래가 대들보 흔들고요
백 원짜리 고스톱
낙숫물 장단에 화투패 착착 붙지요

안개구름 둘러친 산과 들은
아련한 수채화로 채워지고요
고독한 내 일기장엔
그리움만 빼곡하지요

비밀번호 찾기

혼자만의 세계
나만 아는 번호

손때 묻은 휴대 전화기
현관문 예금통장 인터넷
모두 같은 번호를 쓰는데
머리 나쁜 사람에게
왜 자꾸 번홀 바꾸라고 하는지

그나마 기댈 수 있는
비밀번호 힌트가 있으니
'초등학교 짝꿍 이름은?'

휴~
옥자야
오늘도 너 때문에 살았다

노숙은 아무나 하나

깜박이는 가로등 아래에서
캔 맥주 마시며 책 읽는
노숙을 즐기고 있는데

가출 소녀인 듯
벤치에 나란히 누워있던
십 대 여학생 서너 명
경찰이 와서 데려간 뒤

취기가 모자랐는지
막걸리 한 병만 사 달라고
게슴츠레 다가와
시비를 거는 두 사내 때문에

눈에 들어오지도 않는 글씨
애써 읽는 척하다가
빈 담배 뻑뻑 빨며 일어선다

동조同調

그가 자살을 기도企圖한다
나도 그의 자살을 기도祈禱했다

그의 살기어린 눈을 본 사람은
모두 사시나무가 되었다

온 동네 쩌렁쩌렁
밤을 지키던 그가
식음을 전폐全廢하고
시름시름 하는데도
나는 밥도 주지 않았다

그가 누운 날
보신탕집 아저씨가 다녀갔다

브레이크타임

오후 세 시와 네 시 사이는
하루 중 가장 짧고 긴 시간이다

썰물이 빠져나간 후
커피 한잔에 숨 고르는 짬 시간
식탁 밑으로 다리 뻗어
단잠을 청하기도 하고
금고 서랍을 열어
돈 냄새 맡을 수 있는 여유도 있다

밀물이 들이닥치기 전
해야 할 일들이 산더미지만
입술도 바르고 눈썹을 고치며
사랑하는 이의 문자도 확인하고
답장해야 하는 바쁜 시간이기도 하다

꿀 같은
세시와 네 시 사이

밥 잘하는 식모

밥솥이 고장 나
홧김에
밥 잘한다는
식모 하나 뒀더니
생글생글
목소리도 예쁜 그녀

출근 늦으면 안 된다는
신신당부 잊지 않고
새벽같이 일어나

취사를 시작합니다
뜸들이고 있습니다
취사가 끝났습니다

사근사근한 그녀에게
나 홀딱 반했네
느즈막에 참 호강하고 사네

반짝 세일

떡갈나무 숲 오목눈이 둥지에
뻐꾸기의 탁란이 시작되기 전에
어서 줄을 서야 하는데
할당된 시간이 짧다는데
마른 낙엽 아래 반가운 봄비
동풍에 언죽번죽 깨어난 목단
비 그친 담장 따라 노란 개나리꽃
등굣길 햇병아리들의 앙증맞은 동요
아지랑이 부서지는 동산
발끈발끈 달아오른 진달래
나불나불 종다리 노랫소리

왕십리 연가

어스름 저녁
차선을 독차지한 채
여름 해변 방갈로처럼
포장마차 즐비한 왕십리 곱창 골목
내 집 들어가듯 머리부터 들이밀고
주발이 멍들도록 부어라, 마셔라
어둠을 붙들어 맨 나그네들
뭐 달랠 것도 없이 척척 챙겨주는 이모
초저녁별 저물도록
발밑에 쌓이는 담배꽁초와 술병
곱창은 밤새 사우나를 즐기고
나그네는 시원한 이슬로
목젖 깊숙이 샤워를 즐긴다
가뭄에 콩 나듯 찾아와
해묵은 서방처럼 추태를 부려도
사위처럼 반겨주는 왕십리

영혼을 위한 축배

장례식장까지 따라가지 못하고
사망진단서를 팩스로 받아
보험회사에 통보하는 것으로
이별의 모든 절차가 끝났다

서울에서 통영까지
쩔쩔 끓는 아스팔트길을
쉬지 않고 달리던 젊음과
폭설에 갇힌 도로에서 쇠 설피를 신고
탈출하던 괴력도 이젠 추억으로만 남았다

18만km의 지구여행을 마치고
장기기증센터로 떠나는
너의 장엄한 영혼을 위해 축배를 든다

연륜 年輪

고풍스러운 고택이나
몇 백 년을 버티고 서 있는 노송을
사람의 연륜에 비유하곤 하지

헛되이 보낸 사람의 나이테는
골다공증 환자처럼
숨벙숨벙 구멍 나 있고
시간을 똑바로 세우고 산 사람은
바늘 들어갈 구멍도 없을 만큼
고르고 촘촘한 법

제대로 된 연륜을 쌓으려면
시기를 놓치지 않고 한 땀 한 땀
수를 놓듯 정성을 기울여야 하고
분에 넘치거나 모자라서도 안 되며

떡잎 시작할 때부터
뿌리와 가지 뻗을 자리를 계산하여
나보다 우선인 뿌리를 먼저 뻗게 하고

지긋한 가지 아래서는 고개를 숙이고
천방지축 앞서가도 안 된다

하지만 허술하게 쌓인 연륜도
고칠 수는 있다
가지를 낮춰 구멍 난 곳을
하나하나 되짚어 꿰매면 되는 것이다

나이 여든의 만학도도 있고
뱀이 용 되었다는 말도 있듯이

불황의 늪

대문과 처마를 잇는 밧줄이 삭아
서둘러 리모델링에 나선 거미를 돕겠다고
양 날개 걷어붙인 호랑나비까지
볼모로 잡혀 고생이 이만저만

툭하면 비가 내려 공치고
거래처 독촉에 시달려가며
어렵사리 마무리한 거미줄을
세상에 버젓이 걸어 놓았지만

터무니없는 분양가에
지나가는 개도 관심이 없는
텅 빈 상가들

닮은꼴 형제

뽕잎을 사각사각 갉아서
잠자기를 끝낸 누에가
섶에 올라 독방을 만들고
다음 생을 준비하는 동안

꽃을 피워 땅에 묻고
어둠 속 독방을 만들어
탯줄에 의지하여
다음 생을 준비하는 땅콩

사는 방법은 달라도
모양이 같고
알맹이는 달라도
술상에 오르는 게 같네

퀴퀴한 두엄더미에 살을 묻고
오동통 굼벵이나 살찌우는 땅콩껍질이나
새색시 베갯잇에 비단 실로 송송 박혀
신방 훔쳐보는 누에고치나

뭇종

하늘 향해 길게 솟아올라
양분을 탕진한 채
열무이기를 포기한 밑동은
시래기 축에도 들지 못하지만
척박한 땅에 자랐어도
목에 힘주고 서 있는 열무꽃

알싸한 꽃대 코끝 실룩이며
꺾어먹던 그 시절 주전부리
열무김치 하나면
보리밥 한 사발은 뚝딱

*뭇종(무쫑) : 장다리무의 어린 대

무허가

따스한 햇살에도
허리를 펴지 못한
냉이며 봄나물들이
밭 가장자리에 웅크려있다

복판에 당당하게
자리 잡지 못한 저들도
무허가로 사는 걸까

더부살이는 늘 불안하여
여차하면 짐을 싸야 하는데
너희들은 어디로 갈 것이냐

먹고 산다는 게

차들이 가르는 바람에
길가 작은 나무들이
오들거리는 겨울

차선에 우르르 나와
빵과자에 목숨 건 비둘기들
쌩쌩 바퀴 밑에서
잘도 살아남는다

차 한 대 지나고 나면
한 마리 사라졌다가
또 한 대 지나고 나면
다시 살아나고

쥐포가 된 빵과자
뜯고 또 뜯고

감꽃이 떨어지면

감나무 아래
노란 무늬 방석이 깔리면
옆집 옥이 뒷집 숙이 달려와
꽃목걸이 만들어 목에 걸고
소꿉놀이 하면서
배고픔을 달래던 꽃잎
가지에 매달려 철봉놀이도 하고
그네도 태워주던 고마운 감나무
감꽃 떨어진 그 자리
평상에 누워
매미들 울음소리 들으며
파아란 하늘이라도 볼 일이다

가을

콤바인 소리에
메뚜기가 춤추는

수확의 기쁨에
농부의 미소가 활짝 핀

시냇가 늘어진 버들가지 아래
보리새우가 통통 여문

봄에 사 입힌 바지가
아이의 정강이를 타고 쑥 올라간

파란 하늘만 보아도
누런 들녘만 보아도
든든한

작품해설

들꽃처럼 착한 노래

| 작품해설 |

늦깎이 시인이 일군 눈물의 마음밭
— 박근수 시집 《남자의 폐경기》

오봉옥
(시인·서울디지털대학교 교수)

1.

박근수의 이력을 살펴보면 특이한 점 두 가지가 있다. 어릴 때 서당을 다녔다는 점과 봉사활동을 꾸준히 하고 있다는 점이다. 같은 또래의 아이들이 학교 공부를 위해 영어학원이나 수학학원에 다닐 때 한자를 배우기 위해 서당에 다녔다는 사실은 시사하는 바가 크다. 우리말의 약 70%는 한자어로 이루어져 있다. 그런 만큼 문리가 트이기 위해서는 한문 공부가 필수다. 그는 농사짓는 아버지의 권유로 서당에 가게 되었다고 한다.

아버지께서는 제사 때 축문 정도는 읽을 줄 알아야 한다며 서당을 다니게 했다는데, 그것이 나중에 문학을 하는 밑거름이 되었다. 남보다 일찍 문리가 트인 그는 혼자서 곧잘 글을 쓰기 시작했고, 간혹 라디오 방송 같은 데 편지를 써 채택이 되었다고 한다. 처음에 투고한 프로그램은 봉두완과 양희은이 진행하는 라디오 프로그램 〈여성시대〉. 자신의 글이 채택되어 라디오에서 흘러나올 때 이상야릇한 쾌감을 느꼈다는 그는 그 이후 문학카페들을 찾아다니기 시작했고, 남들의 글을 읽다가 자기도 모르게 따라서 쓰기 시작한 게 시였다고 한다. 그는 2006년 《자유문예》, 이듬해 《한국생활문학》을 통해 시인으로 데뷔하게 된다.

그가 봉사활동을 시작한 계기도 글과 관련된다. 혼자서 글을 쓰며 살다보니 너무 외롭고, 그러다보니 자신보다 더 외로운 사람들이 생각났다는 것이다. 그는 영등포 〈토마스의 집〉을 수년 째 다니며 봉사활동을 이어오고 있다. 〈토마스의 집〉은 노숙자들을 위한 무료급식소로써 식사시간만 되면 수백 명의 사람들이 모여드는 곳이다. 그는 거기서 오래 전부터 허드렛일을 하며 돕고 있다. 그런데 포크레인 기사라는 그의 직업을 감안하면 그런 일은 결코 쉬운 일이 아니다. 포크레인 일은 육체적으로 힘들 뿐만 아니라 시간을 정기적으로 낼 수도 없다. 그런 점에서 정기적인 봉사활동은 의지가 동반되지 않고는 할 수 없는 일이다.

　　　행려자와 봉사자들이 부딪히고 만나는
　　　영등포 토마스의 집 사랑의 무료급식소에서
　　　오늘도 난 배웁니다

　　　지나가던 택시 기사가 내민 만 원짜리 한 장
　　　400인 분의 떡을 직접 실어다 주는
　　　부천 소사의 어느 스님들

　　　택시 기사의 이름을 물어도
　　　절 이름을 물어도
　　　환한 미소로 대신하는
　　　가슴 따뜻한 사람들

　　　주는 마음 작을지라도
　　　받는 마음 몇 배가 된다는 걸
　　　배우고 또 배웁니다
　　　　　　　　　　　　　─ 〈무명 천사〉 전문

이 시는 그의 착하고 여린 성정을 잘 보여주고 있다. 그는 봉사활동을 베푸는 일로 생각하지 않는다. 그는 수많은 봉사자들이 일하는 모습을 보며, 지나가다가 '만 원짜리 한 장'을 내밀고 가는 택시 기사나 '400인 분의 떡'을 해온 스님들의 행위를 보며 감동을 받고는 스스로 숙연해진다. 그들은 결코 자기 이름들을 내세우지 않았기 때문이다. 그러면서 '주는 마음'보다 '받는 마음'이 몇 배나 크다는 걸 가르쳤기 때문이다. 그는 그런 사람들을 '무명 천사'로 명명한다. 이 시는 가난하고 고통 받는 사람들과 그들을 따뜻한 품으로 감싸 안는 사람들의 행위를 애정 어린 눈으로 바라보고 있다. 이 시가 감동적인 것은 '행려자와 봉사자들'을 관찰자의 시점이 아닌 경험자의 시점으로 노래하고 깨닫는 데에 있다. 〈무명 천사〉와 함께 그의 인생관을 잘 느끼게 해주는 작품은 〈버팀목〉이다.

시골길 고추밭 말뚝 하나

사연은 알 수 없지만
누군가의 다리를 지탱해주던 목발이
군데군데 탄저병에 말라가는
고춧대를 부축하고 서 있는 모습에
코끝이 찡해온다

그동안 나는
얼마나 든든한 기둥이었나

서러운 이의 눈물 한 번 닦아주고
차가운 손 제대로 잡아준 적 있었나

한생을 바치고도
또 한생으로 우뚝 선 목발 앞에
고개가 절로 땅으로 떨어진다

― 〈버팀목〉 전문

  이 시엔 자아에 대한 깊은 성찰이 담겨 있다. 시적 화자는 '고추밭 말뚝 하나'를 보고도 자신을 대입시켜 자아성찰로 나아간다. '누군가의 다리를 지탱해주던 목발'이 고추밭의 말뚝으로 박혀있다. '누군가의 다리'를 지탱해주기 위해 한생을 바쳤던 '목발'이 '탄저병에 말라가는 고춧대'를 부축하기 위해 또 한생을 바치고 있으니 코끝이 찡해져오지 않을 수 없는 것이다. '목발'은 화자를 일깨워 주는 존재, 부끄러운 마음을 갖게 하는 존재이다. 시적 화자는 '목발'의 거룩한 행위를 보고 자아성찰을 한다. "그동안 나는 얼마나 든든한 기둥이었나" 하고 성찰하고, "서러운 이의 눈물 한 번 닦아주고 차가운 손 제대로 잡아준 적 있었나."하고 자신을 또 돌아보게 된다. 이 시는 탄탄한 짜임새를 갖추고 있을 뿐 아니라 내용적 측면에서도 감동을 자아낸다. 고춧대를 부축하고 서 있는 '목발'의 형상이 가슴을 저미게 한다. 누군가에게 끊임없이 '버팀목'으로 작용하고 있는 모습이 우리를 숙연하게 만든다. '목발'은 화자의 시적 발상의 계기가 되고 있고, 자아성찰을 이끌어 내는 소재가 된다. 〈버팀목〉은 이 시집의 절창 중 하나이다.

2.

〈버팀목〉이 우리를 숙연하게 만드는 작품이라면 〈실버 카〉나 〈검정드라마〉는 가슴을 먹먹하게 만드는 작품이다.

꼬부랑꼬부랑 골목길
할머니를 끌고 가는 유모차가
네 바퀴 번갈아 들썩이며 신났습니다

차 한 대가 바짝 붙어 뿍뿍대지만
못들은 척 앞만 보고 굴러갑니다
급할 것 하나 없습니다

할머니의 수수깡 같은 종아리도
꼬장꼬장 비켜줄 생각 없습니다

유모차 안에서는 강아지 운전사가
급하면 돌아서 가라고
멍멍! 경적을 울립니다
       - 〈실버 카〉 전문

산은 온통 석탄 먼지로 그을려
계곡물 검게 흐르고
19공탄, 32공탄
서민들의 등 데워주던 연탄구멍처럼
숭숭 뚫린 갱도를 들락거리며
탄가루 켜켜이 쌓인 허파를
돼지비계로 지지고 들어오는 날
아빠를 기다리다 고이 잠든
아이의 머리맡엔
그리다 만 흑백 풍경화
아빠 손 꼭 잡고
신나게 놀이동산 가는 중
       - 〈검정 드라마〉 전문

〈실버 카〉는 도심의 변두리나 시골에 가면 흔히 볼 수 있는 풍경을 그려내고 있다. 등 굽은 할머니들에게 '유모차'는 지팡이가 된다. 할머니들은 마실을 다니거나 읍내에 나갈 때에도 '유모차'를 동반하곤 한다. 그런데 이 '유모차'에 '강아지 운전사'가 있다. 유모차에 타고 있는 강아지라면 늙고 병이 들었거나 어린 새끼일 가능성이 높다. 왜냐하면 그 '강아지 운전사'는 외출을 할 때에도 홀로 두지 못하고 할머니가 데리고 가야만 하는 존재이기 때문이다. 여하튼 둘은 '유모차'에 기대어 살아가는 슬픈 존재이다. 박근수 시의 한 특징으로 들 수 있는 것은 슬픔을 슬픔으로 드러내지 않고 그 반대의 이미지로 드러낸다는 점인데 이 시가 그런 특징을 잘 보여주고 있다. 이 시는 슬픔의 존재들을 슬픔 속에 수동적으로 함몰해버리지 않고 그것을 밝음의 정서로 바꾸어 놓는다. 할머니와 '강아지 운전사'는 마치 드라이브나 즐기는 것처럼 '네 바퀴를 번갈아 들썩이며' 신나게 달리고 있다. 유모차가 신나게 굴러간다는 표현으로 보아 둘은 모처럼 외출을 하는 모양이다. 할머니 뒤에서 '차 한 대'가 길을 비켜달라고 경적을 울리지만 할머니는 '못 들은 척 앞만 보고' 걸어간다. 거기에다 '강아지 운전사'도 '급하면 돌아가라고 멍멍!' 짖는다. 이 시의 분위기로 보아 할머니는 귀가 먹어 경적을 듣지 못하는 존재로 느껴진다. 하지만 시인은 이 비극적 상황 속에서도 격앙되거나 절망적 어조를 보여주지 않고 밝고 희망찬 어조로 노래한다.

〈검정 드라마〉는 이 땅을 살아가는 민중들의 모습을 생생하게 그려낸 시이다. 이 시는 탄광촌을 배경으로 한다. '아빠'는 탄광을 들락거리며 '탄가루'를 마시는 존재이고, '아이'는 아빠를 기다리며 그림을 그리는 존재이다. 탄광촌에서 일하는 '아빠'는 퇴근 후 '탄가루 켜켜이 쌓인 허파'를 씻어내기 위해 '돼지비계'에 술 한 잔을 들이킨다. 그때 '아이'는 아빠의 그림을 그리다 잠이 드는데 그 그림이 우리들의 가슴을 싸하게 만든다. '아빠 손을 잡고 신나게 놀이동산'을 가는 아이의 바람이 풍경화 속에 담겨있는 것. 이 시는 민중들의 삶을 생생하게 드러낼 뿐 시적 화자의 정서나 진술을 표출하지 않는다. 그럼에도 불구하고 독자는 그 시적 화자의 '침묵의 정서'를 읽어내게 된다. 이 시가 민중에 대한 뜨거운 애정의 산물로써 탄광촌 부녀의 삶을 그려내고 있기 때문이다. 박근수는 시를 씀에 있어 억지를 부리지 않는다. 말을 억지로 끌고 다니거나 포장하지 않고 있는 그대로를 드러냄으로써 독자를 시 속으로 끌어들인다.

아이구메나 오칙했댜
천숙이네 송아지 뛰어났다는디

들밭에 옥식기, 콩 다 뜯어먹구
엥간히 날뛰구 지랄났네

장에덜 가구 아무두 읎내빈디
갱변짝 에미 옆댕이다 내다 매던지
목사리 점 잘 붙들어 매 놓구 나가지
장정이나 있어야 헐 텐디 클났네

창깨두 으직잖게 나서
여적지 외다 말구 들왔넌디 내가 못살어
비두 안 오구 인전 늦어서 다 틀렸지 뭐
올해 챙지름은 다 먹은겨

이봐유! 누구 점 나와 봐유~

— 〈장날〉 전문

  이 시는 방언과 구어로 이루어진 시이다. 방언은 삶을 반영하는데 적절한 언어이고, 구어는 시적 내용을 명징하게 드러내고 생생하게 전달하는 역할을 한다. 작가에게 언어는 소통의 수단일 뿐 아니라 '얼'과 '정서'가 담겨있다는 점에서 깊이 생각해보아야 할 귀중한 재료이다. 표준어와 달리 방언은 우리말

고유어가 많고, 토착어 하나하나엔 해당 지역을 살아가는 사람들의 삶과 문화와 얼이 담겨있다는 점에서 작가에게 방언은 귀중한 자산이 아닐 수 없는 것이다. 이 시는 충청도 사람들이 가지고 있는 특유의 정서와 충청도 말의 묘미를 잘 보여주고 있다. 시의 토속성을 높이는 충청도 방언만을 추려보자면 다음과 같다.

아이구메나(에그머니나), 오칙핸댜(어떻게 한 대), 옥식기(옥수수), 엥간히(어지간히), 장이딜(장에들), 읎내빈디(없나본데), 갱변짝(강변, 개울), 목사리(목에 맨 줄 또는 사슬), 누구 점(누구 좀), 창깨(참깨), 으직잖게(오죽잖게), 여적지(여태), 둘왔넌디(들어 왔는데), 못살어(못살아), 챙지름(참기름) 등등. 이 시는 시적 화자가 이와 같은 방언들로 혼잣말을 하고 있는데 그것을 입말 그대로 풀어내고 있다. 참깨밭에서 돌아온 화자가 '천숙이네 송아지' 날뛰는 걸 보고 걱정 어린 말을 쏟아낸다. 외양간을 뛰쳐나간 '송아지'는 옥수수밭·콩밭을 가리지 않고 들어가 엉망으로 만들어 놓는다. 이 시에서 충청도 지역의 특유의 정서를 보여주고 있는 곳은 3연이다. 시적 화자는 '송아지'가 날뛰는 걸 보며 '큰 일 났다'고 걱정을 하면서도 거기에 자신의 신세타령을 살짝 끼워 넣음으로써 충청도 말이 지닌 내면적 해학을 보여준다. 타자의 옥수수밭과 콩밭이 쑥대밭이 되는 걸 보면서 자신의 망가진 참깨농사를 떠올리는 건 자연스런 일이기도 한데 그것을 능청스럽게 자신의 신세타령과 곁들이고 보니 '송아지'가 날뛰는 것쯤은 흔히 있는 일, 대수롭지 않는 일처럼 느껴지게 만든다. 그런 점에서 마지막 연의 입말인 '이봐유! 누구 좀 나와 봐유~' 역시 다급한 목소리라기보다 가벼운 혼잣말처럼 느껴지게 해 웃음을 머금게 한다.

3.

박근수는 이번 시집에서 이미지를 살려내는 데에 익숙한 솜씨를 보여준다. 다음의 시를 보자.

>쫓기듯
>바위 틈새로 파고든 파도가
>썰물이 와도 선뜻
>따라나서질 못하고 그렁댄다
>저도 목 놓아 울고 싶은지
>어쩐지
>
>― 〈파도〉 전문

바위 틈새에 홀로 남아 그렁대는 파도의 이미지가 가슴을 저릿하게 만들고 있다. 여기서의 '파도'는 슬픔을 꾹꾹 참고 있는 시적 자아, 누가 와서 툭 건들기만 해도 '목 놓아' 울어버릴 것 같은 자신을 비유적으로 보여주고 있는 시적 대상이다. '쫓기듯 바위 틈새로 파고든 파도'는 그 어떤 사연을 가진 존재임을 암시하고, '썰물이 와도 선뜻 따라나서질 못하는' 이미지는 파도의 성정을 나타내며, '목놓아 울고 싶은' 파도의 이미지는 슬픔의 크기를 가늠하게 한다. 이 시는 이별의 슬픔과 외로움과 애태움과 아픔을 '바위 틈새로 파고든 파도'의 이미지로 절묘하게 드러낸 시다. '파도'와 같이 스스로를 가둔 자의 심사를 헤아려 본다면, 그래서 홀로 남아 슬픔을 억제하고 있는 자의 심사를 헤아려 본다면, 금방이라도 슬픔의 둑이 넘쳐흐를 것 같은 존재의 심사를 헤아려 본다면 이 시에서의 '파도'의 이미지가 얼마나 절묘한 것인지를 알 수 있다. 이 시는 간명한 형상으로 이루어져 있지만 그 울림만큼은 결코 만만치 않은 절창으로 여겨진다.

　박근수 시인의 시 중 가장 널리 알려진 작품은 〈친구〉이다. 이 시는 십여 년 전 인사동 피맛골의 〈꽃피는 산골〉이라는 주점 입구 현수막에 걸려 지금까지 이어져오고 있다. 이 시에 얽힌 일화 한 토막을 소개하면 다음과 같다. 소설가이자 한국문인협회 이사장(역임), 계간문예 발행인 정종명 선생이 이 주막에 들러 '친구'라는 시를 보고는 사진으로 찍어 지인들이나 제자들에게 좋은 시라고 소개한 모양인데 그것이 박근수 시인에

게까지 왔다고 한다. 작자에겐 기분 좋은 일화가 아닐 수 없다.
시를 보자.

여보게 친구
자넨 그걸 아는가
품 안에 자식이란 말

마누라도
한 이불 속에 있을 때 마누라지
각방 쓰니 남이데 그려

뾰족하게 살 필요 없고
바동댈 일도 없데 그려

져주고 속아주며
오늘 즐거우면
그게 행복인 줄 알고 산다네

야물게 번 들 소용 있나
서산에 해 기울면
다 버리고 갈 것을

네 주머니 넉넉하면

나 술 한잔 받아주고

너 생각나면

내가 한잔 사면되지

친구여

오늘 술이나 한 잔함세

— 〈친구〉 전문

   이 시는 언뜻 보아 우정을 노래한 시로 보이나 그 내면을 들여다보면 인생을 살만큼 살고 상처를 입을 만큼 입은 자의 정서가 짙게 배어있음을 알 수 있다. 화자는 지금 모든 걸 터놓고 이야기할 수 있는 친구를 만나 푸념을 늘어놓고 있다. '품 안에 자식'과 '각방 쓰니 남'이란 말을 언급하는 것으로 보아 자식은 이미 다 큰 상태에 놓여있음을 암시한다. '뾰족하게 살 필요도 없고 바동댈 일도 없는데 그래'라는 말로 보아 시간이 빠르게 흘렀음을 알 수 있다. 아등바등 살아봐야 뜻대로 일이 잘 안 풀리면 실망하게 된다. 주변도 살펴보고 취미 생활도 하고, 여행도 하면서 인생을 즐기면서 살면 얼마나 좋을까. 세상을 허무하게 느낀 화자는 결국 '야물게 번 들 소용 있나'고 하며

'술이나 한 잔' 하자고 말하기에 이른다. 이 시의 미덕은 가락에 있다. 우리는 흔히 노래 같은 시들을 접하곤 한다. 읽으면서 자연스럽게 흥얼거리고 싶은 시 말이다. 그것은 유려한 흐름을 보여주기 때문에 느껴진 것이다. 깊은 뜻을 아우르고 있으면서도 시의 유려한 형식이 박자를 머릿속에 그려지게 만든다면 그것은 수작이 아닐 수 없는데 이 시가 바로 그런 경우인 듯하다.

박근수 시인이 14년 만에 첫 시집을 출간하게 되었다. 진심으로 축하드리고, 정진 또 정진하여 더 좋은 시인으로 거듭나기 바란다.

계간문예시인선 155

박근수 시집_ 남자의 폐경기

초판 인쇄 2020년 5월 25일
초판 발행 2020년 5월 30일

지 은 이 박근수
회   장 서정환
발 행 인 정종명
편집주간 차윤옥

펴낸곳 도서출판 계간문예
편집부 03132 서울 종로구 삼일대로 30길 21 종로오피스텔 1209호
주소   03132 서울 종로구 삼일대로 32길 36 운현신화타워 305호
전화   02-3675-5633, 070-8806-4052 팩스 02-766-4052
인쇄   54991 전북 전주시 완산구 공북1길 16, 신아출판사
이메일   munin5633@naver.com
등록   2005년 3월 9일 제300-2005-34호
ISBN   978-89-6554-219-3 04810
ISBN   978-89-6554-118-9 (세트)

값 10,000원

잘못 만들어진 책은 바꾸어 드립니다.

이 도서의 국립중앙도서관 출판예정도서목록(CIP)은 서지정보유통지원시스템 홈페이지(http://seoji.nl.go.kr)와 국가자료공동목록시스템(http://www.nl.go.kr/kolisnet)에서 이용하실 수 있습니다. (CIP제어번호: CIP2020020215)